Vinhos...
É importante lembrar...

Vinhos...
É importante lembrar...

Rogerio Dardeau

MAUAD

Copyright © by Rogerio Dardeau, 2004

Direitos desta edição reservados à
MAUAD Editora Ltda.
Av. Treze de Maio, 13, Gr. 507 a 509 – Centro
CEP 20031-000 – Rio de Janeiro – RJ
Tel.: (21) 2533.7422 – Fax: (21) 2220.4451
E-mail: mauad@mauad.com.br

Projeto Gráfico:
Núcleo de Arte/Mauad Editora

Fotos:
Regina Dardeau

Legendas:
Capa, págs. 4 e 7: Adega da Vinícola Don
Laurindo – Bento Gonçalves, RS.

Pág. 8: Vallontano Vinhos Nobres
– Bento Gonçalves, RS.

Págs. 11, 13, 14 e 15: Don Giovanni Vinhos,
Vinhedos e Pousada – Bento Gonçalves, RS.

Pág. 12: Vinícola Cordelier
– Bento Gonçalves, RS.

Foto da orelha:
Aristeu Souza

CIP Brasil – Catalogação-na-fonte

Dardeau, Rogerio.

Vinhos... é importante lembrar... / Rogerio Dardeau . –
Rio de Janeiro : Mauad, 2004.

64p. ; 10,5 x 15cm.

ISBN 85-7478-154-1

1. Vinhos - Degustação. 2. Vinho e vinificação. I. Título.

CDD 641.22

VINHOS...
é importante lembrar!

A idéia de escrever este livro me persegue há anos!

Você bebe um vinho... Tempos depois, quer lembrar, pois ficou com uma agradável impressão de cor, de aroma, de sabor ou de todas essas características... Mas se esqueceu do nome, do produtor, de que país era... Quantas vezes vi isso acontecer!

Pode também ser o contrário: o vinho azedou sua garganta e você não lembra que raio foi esse que Dionísio desprezou e Baco destruiu. Embora digam que nunca se esquece o que é ruim, já comprovei: isso não é regra! Muita gente apaga tudo o que cai mal.

Por isso tudo, decidi realizar o projeto.

O objetivo é permitir que você se provoque a registrar o que lhe desperte interesse num vinho. Insisto: o que lhe desperte interesse!

Você poderá ser muito exigente e se utilizar de todas as indicações do livro, no preenchimento das páginas. Ou poderá apenas efetuar os registros dos aspectos que lhe instiguem mais. Este é o ponto central que queremos atingir: ser um auxiliar de sua memória! Antes de tudo, liberdade para apreciar, para sentir! Quero, porém, recomendar a todas e a todos que, pelo menos, depois da leitura que se segue e de alguma prática, atribuam notas aos vinhos. Serão sempre muito pessoais, mas, no futuro, responderão por suas decisões de escolha e pelo reconhecimento de suas mudanças, na convivência com os vinhos. Meu desejo é que tudo isso se constitua num aprendizado constante. Ganharemos todos: consumidores e produtores!

Os grandes técnicos dizem que apreciar o vinho envolve o uso de três sentidos: a visão, para apreciar a cor, os tons; o olfato, para sentir os aromas; o paladar, para sentir o sabor. Poeticamente, no entanto, prefiro dizer, e não sou original, que no vinho encontram-se os cinco sentidos. Somam-se aos três básicos o tato, pelo envolvimento de nossas mãos com as taças, e a audição, quando produzimos sonoros *tin-tins* por saúde e felicidade. Aliás, conta-se que o hábito de dizer saúde ao brindar veio de tempos imemoriais, quando era precária a conservação dos alimentos (a geladeira não havia sido inventada) e, não raro, encontravam-se nas refeições ingredientes estragados, ensejando os votos de boa saúde. Então, vamos degustar!

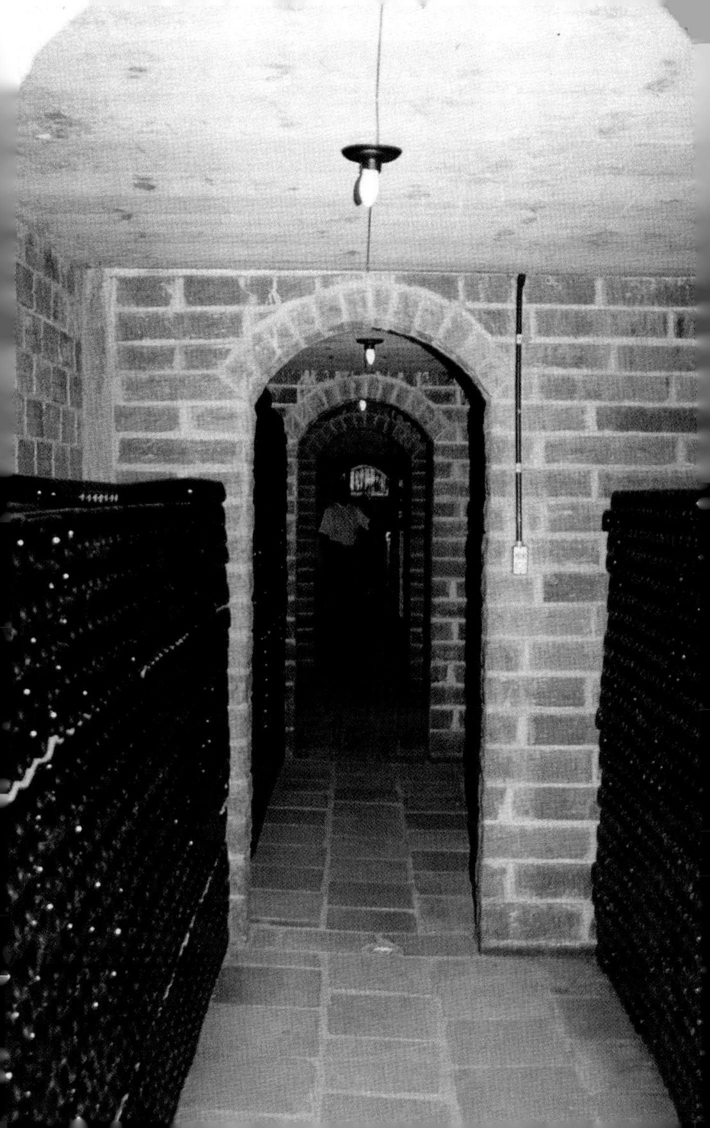

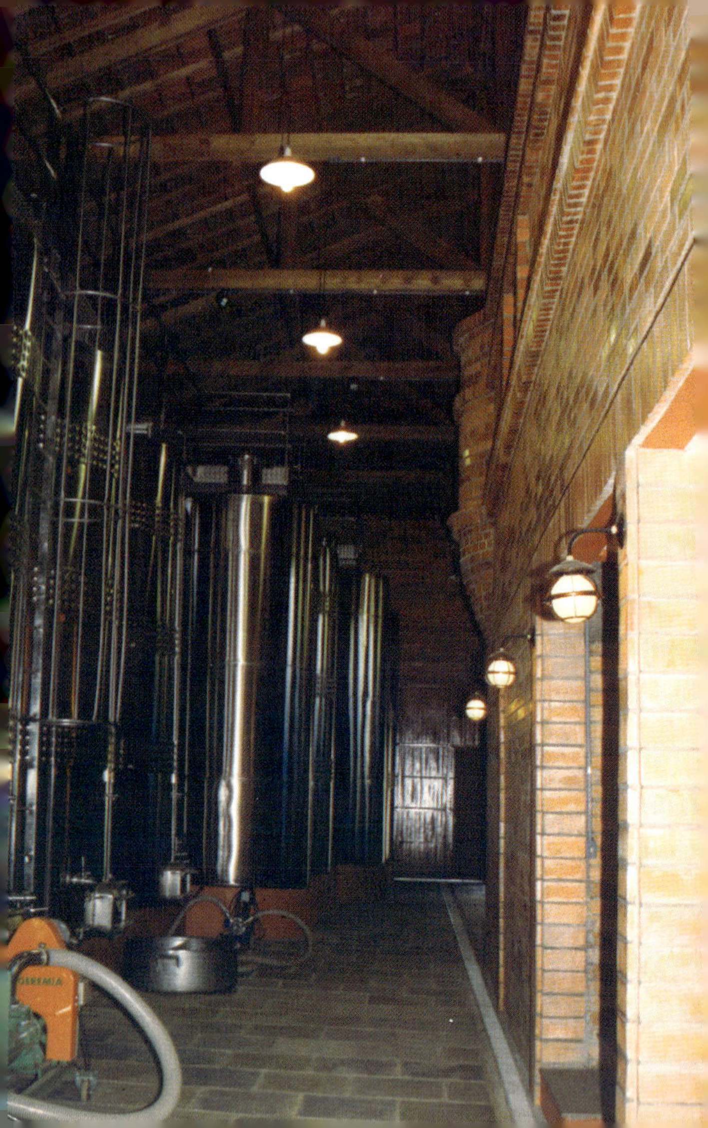

Degustar nada mais é que apreciar, beber com atenção às impressões que a bebida traz aos sentidos. A importância dos sentidos na apreciação de um vinho já nos remete a uma lição fundamental: ao apreciarmos um vinho sob qualquer sentido, este sentido deverá estar livre de influências. Embora a percepção humana tenha capacidade de distinguir imensa variedade de cores, aromas e sabores, apreciá-los num ambiente muito influenciado por cores, aromas e sabores de outras coisas, que não o vinho, é muito mais difícil, quando não impossível. Um exemplo: ao inalarmos o aroma, é desejável que o ambiente esteja, tanto quanto possível, livre de odores. Imaginemos a inalação dos aromas de um vinho numa loja de perfumes. Seria inviável. É claro que o exemplo é um exagero, mas vem para chamar atenção. A própria pele muito perfumada pode comprometer a sensação dos aromas do vinho. Conta-se, aliás, que os franceses desenvolveram o costume das taças com hastes longas, para distanciar da bebida mãos perfumadas, tão comuns na própria cultura.

Certa noite, degustava um vinho na casa de amigos, numa ilha. Estávamos no anoitecer e a presença de mosquitos era grande. Passei, então, em toda a pele, um produto repelente, com cheiro intenso. Lá se foi a apreciação dos aromas do vinho. Questões semelhantes devem ser postas, evidentemente, a todos os demais sentidos. Uma lembrança importante: um vinho pode evoluir no copo. Isso significa que, após servido, novos aromas vão sendo identificados, o conjunto das características organolépticas vai-se definindo.

Já insistimos que nosso objetivo principal aqui não é ser avaliador profissional. Mas queremos que este livro possa também auxiliar os apreciadores mais exigentes. A propriedade de impressionar os sentidos é conhecida por organoléptica. Assim, falamos de características organolépticas ao nos referirmos às sensações visuais, olfativas e gustativas que certo vinho proporciona. A apreciação das características organolépticas dos vinhos, com atribuição de nota, é a avaliação (termo oficial). Trata-se da análise sensorial, do exame das propriedades do vinho através dos órgãos dos sentidos. Nas avaliações de vinhos, os avaliadores podem conferir até 100 pontos (nota máxima), obtidos pela soma de 10 pontos para a impressão visual, 30 pontos para o exame olfativo e 60 pontos para o exame gustativo. Os vinhos que obtêm notas entre 90 e 100 são considerados 'excelentes', 'excepcionais' e recebem o símbolo de cinco estrelas; entre 80 e 89, são 'diferenciados', 'muito bons' e recebem quatro estrelas; entre 70 e 79, 'bons', 'honestos', são os três estrelas'; entre 60 e 69, 'razoáveis', 'simples' e recebem duas estrelas; entre 50 e 59, são considerados 'fracos', 'aceitáveis' e recebem uma estrela. Com nota entre 0 e 49, um vinho é 'desclassificado', 'ruim' e recebe a letra D, como símbolo.

Como você poderá concluir, a terminologia para exprimir as virtudes e os defeitos dos vinhos tende a ser subjetiva. Mas algumas descrições contrariam tal tendência e são claras e objetivas. Os termos são internacionalmente reconhecidos e foram introduzidos por experientes enólogos e *sommeliers*. Logo, logo, você perceberá que há coerência entre as definições e as sensações experimentadas. Então, quando você se sentir à vontade, não deixe de atribuir até 10 pontos para a impressão visual (cor e tons), até 30 pontos para a impressão olfativa (aromas) e até 60 pontos para as sensações da boca.

Se você é iniciante e deseja se aproximar do impressionante mundo do vinho, sugerimos que tenha calma e comece seguindo algumas orientações.

Agora que você já sabe o que são as características organolépticas de um vinho, escolha uma determinada variedade (*cabernet sauvignon*, *merlot*, *chardonnay*, *riesling* etc.) e busque identificar as suas características marcantes durante certo período, por exemplo, durante um mês, consumindo apenas a variedade escolhida. Identifique a cor, os tons, os aromas e os sabores. Em seguida, mude de produtor, mantendo a variedade. Quando se sentir seguro naquela variedade, passe para outra e assim por diante, navegando entre tintos e brancos e comparando. Ao se sentir mais firme entre os varietais, comece a experimentar os cortes (veja estes conceitos no apêndice). Identifique um e, conhecendo as uvas que o integram, procure identificar as características de cada uma e como se apresentam na mistura. O próximo passo será conhecer os cortes clássicos internacionais, tipo bordalês, piemontês etc. Agora é só avançar entre os diversos tipos de vinho, países, regiões... Se você considera um

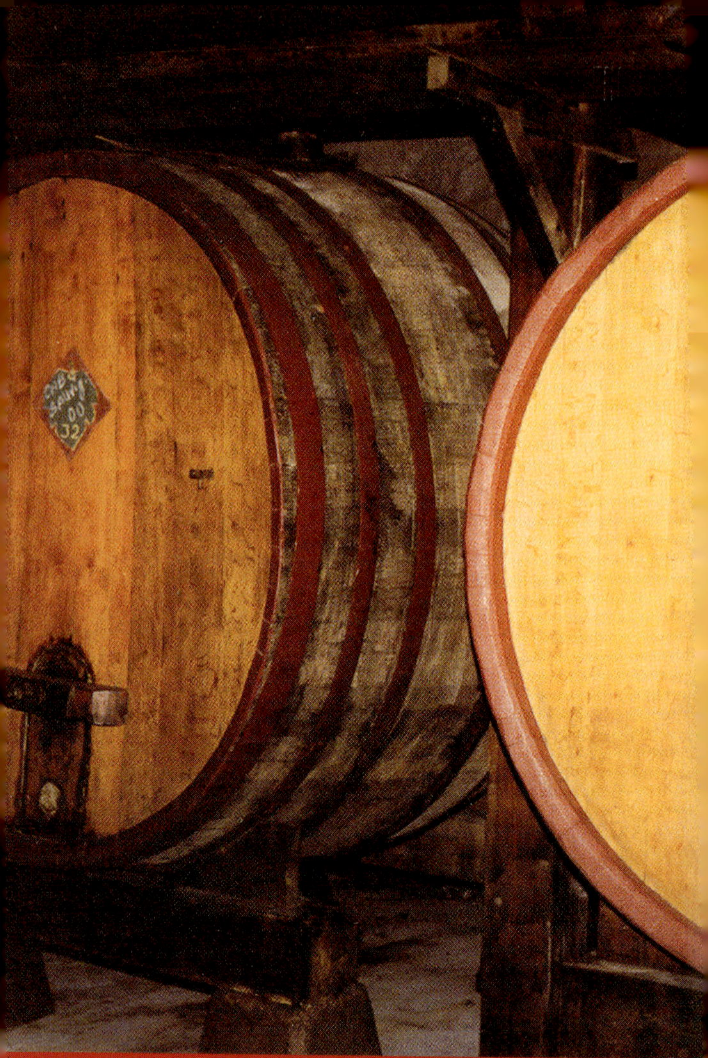

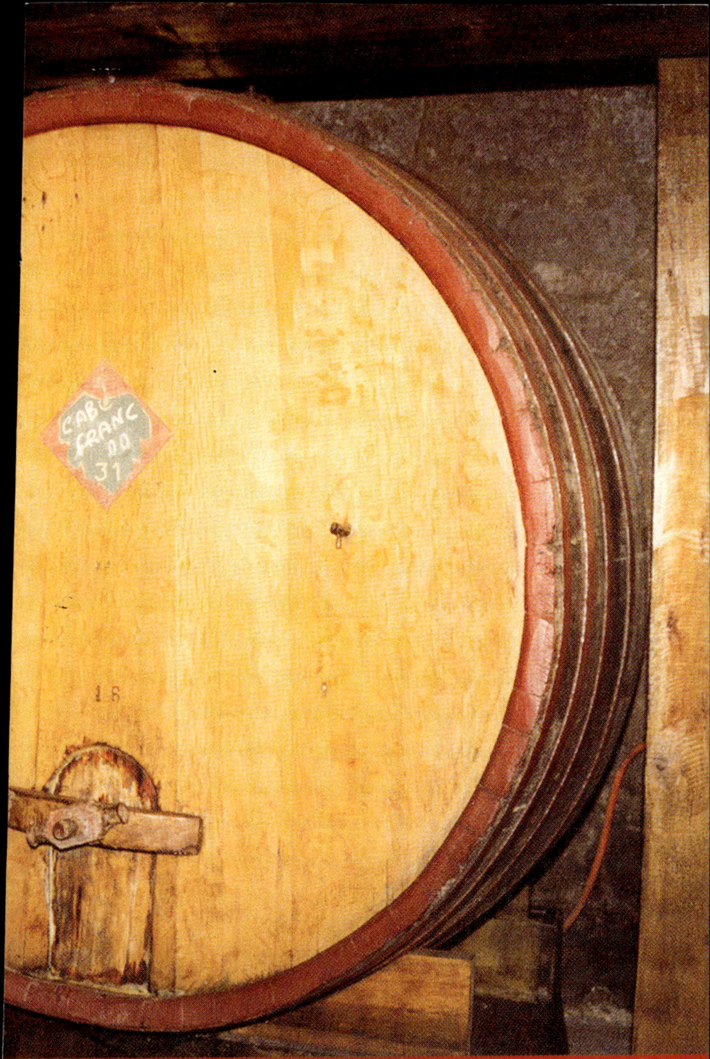
CAB FRANC
31

mês um prazo muito longo para o aprendizado, reduza-o, de acordo com sua própria assimilação das características do tipo de vinho.

Esta prática, além do aprendizado e do prazer, trará saúde. É sabido que o vinho, consumido habitual e moderadamente, tem ação vasodilatadora, diurética e hepatoprotetora, além de ser antidepressivo e de ter componentes que estimulam a produção do colesterol HDL, o chamado 'colesterol do bem' e de proteger as coronárias.

Ah, sim, quase me esquecia: onde quer que você esteja, não deixe de fazer a sua memória do vinho degustado. Nem que a anotação seja num pequeno guardanapo de papel. Depois você poderá complementar as impressões.

Rogerio Dardeau
rogerio@dardeau.org

1 **Data:** / /   **Local:** _____

2 **Vinho:** _____

3 **Qualificações:** _____

4 **Nota:** _____

5 **Corte:** _____   **ND:** _____

5 **Varietal:** _____

6 **Safra:** _____ 7 **Graduação alcoólica:** _____

8 **Produtor:** _____

9 **Região:** _____ **País:** _____

10 **Enólogo:** _____

11 **Engarrafado na origem?** _____

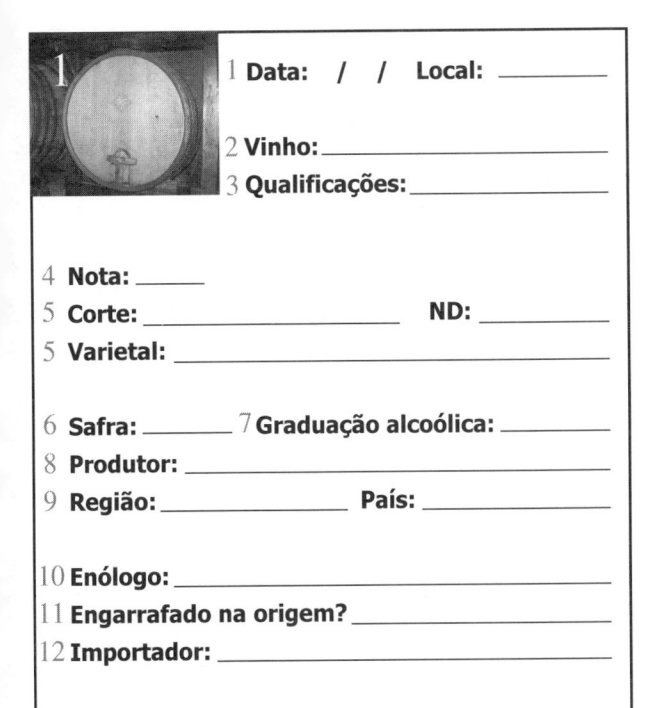

12 **Importador:** _____

13 **Comprado em** / /   14 **Preço:** _____

15 **Local da compra:** _____

16 **Recomendado por:** _____

17 **Presente de:** _____

18 **Número da garrafa/Produção:** _____

19 **Garrafa:** _____

20 **Rolha:** _____

21 **Foi decantado?** _____

22 **Cor/Nota:** _____

23 **Aroma/Nota:** _____

24 **Gosto/Nota:** _____

25 **Harmonizações:** _____

26 **Comentários:** _____

2

1 **Data:** / / **Local:** _____

2 **Vinho:** _____

3 **Qualificações:** _____

4 **Nota:** _____

5 **Corte:** _____ **ND:** _____

5 **Varietal:** _____

6 **Safra:** _____ 7 **Graduação alcoólica:** _____

8 **Produtor:** _____

9 **Região:** _____ **País:** _____

10 **Enólogo:** _____

11 **Engarrafado na origem?** _____

12 **Importador:** _____

13 **Comprado em** / / 14 **Preço:** _____

15 **Local da compra:** _____

16 **Recomendado por:** _____

17 **Presente de:** _____

18 **Número da garrafa/Produção:** _____

19 **Garrafa:** _____

20 **Rolha:** _____

21 **Foi decantado?** _____

22 **Cor/Nota:** _____

23 **Aroma/Nota:** _____

24 **Gosto/Nota:** _____

25 **Harmonizações:** _____

26 **Comentários:** _____

3

1 **Data:** / / **Local:** _____

2 **Vinho:** _____

3 **Qualificações:** _____

4 **Nota:** _____
5 **Corte:** _____ **ND:** _____
5 **Varietal:** _____

6 **Safra:** _____ 7 **Graduação alcoólica:** _____
8 **Produtor:** _____
9 **Região:** _____ **País:** _____

10 **Enólogo:** _____
11 **Engarrafado na origem?** _____
12 **Importador:** _____

13 **Comprado em** / /   14 **Preço:** _____
15 **Local da compra:** _____
16 **Recomendado por:** _____

17 **Presente de:** _____

18 **Número da garrafa/Produção:** _____

19 **Garrafa:** _____

20 **Rolha:** _____

21 **Foi decantado?** _____

22 **Cor/Nota:** _____

23 **Aroma/Nota:** _____

24 **Gosto/Nota:** _____

25 **Harmonizações:** _____

26 **Comentários:** _____

4

1 **Data:** / /   **Local:** _____

2 **Vinho:** _____
3 **Qualificações:** _____

4 **Nota:** _____
5 **Corte:** _____ **ND:** _____
5 **Varietal:** _____

6 **Safra:** _____ 7 **Graduação alcoólica:** _____
8 **Produtor:** _____
9 **Região:** _____ **País:** _____

10 **Enólogo:** _____
11 **Engarrafado na origem?** _____
12 **Importador:** _____

13 **Comprado em** / /   14 **Preço:** _____
15 **Local da compra:** _____
16 **Recomendado por:** _____

17 **Presente de:** _____

18 **Número da garrafa/Produção:** _____

19 **Garrafa:** _____

20 **Rolha:** _____

21 **Foi decantado?** _____

22 **Cor/Nota:** _____

23 **Aroma/Nota:** _____

24 **Gosto/Nota:** _____

25 **Harmonizações:** _____

26 **Comentários:** _____

5

1 **Data:** / /   **Local:** _____

2 **Vinho:** _____

3 **Qualificações:** _____

4 **Nota:** _____

5 **Corte:** _____   **ND:** _____

5 **Varietal:** _____

6 **Safra:** _____ 7 **Graduação alcoólica:** _____

8 **Produtor:** _____

9 **Região:** _____ **País:** _____

10 **Enólogo:** _____

11 **Engarrafado na origem?** _____

12 **Importador:** _____

13 **Comprado em** / /   14 **Preço:** _____

15 **Local da compra:** _____

16 **Recomendado por:** _____

17 **Presente de:** _____

18 **Número da garrafa/Produção:** _____

19 **Garrafa:** _____

20 **Rolha:** _____

21 **Foi decantado?** _____

22 **Cor/Nota:** _____

23 **Aroma/Nota:** _____

24 **Gosto/Nota:** _____

25 **Harmonizações:** _____

26 **Comentários:** _____

6

1 **Data:** / / **Local:** _____

2 **Vinho:** _____

3 **Qualificações:** _____

4 **Nota:** _____
5 **Corte:** _____ **ND:** _____
5 **Varietal:** _____

6 **Safra:** _____ 7 **Graduação alcoólica:** _____
8 **Produtor:** _____
9 **Região:** _____ **País:** _____

10 **Enólogo:** _____
11 **Engarrafado na origem?** _____
12 **Importador:** _____

13 **Comprado em** / /   14 **Preço:** _____
15 **Local da compra:** _____
16 **Recomendado por:** _____

17 **Presente de:** _____

18 **Número da garrafa/Produção:** _____

19 **Garrafa:** _____

20 **Rolha:** _____

21 **Foi decantado?** _____

22 **Cor/Nota:** _____

23 **Aroma/Nota:** _____

24 **Gosto/Nota:** _____

25 **Harmonizações:** _____

26 **Comentários:** _____

7

1 **Data:** / /   **Local:** _____

2 **Vinho:** _____

3 **Qualificações:** _____

4 **Nota:** _____

5 **Corte:** _____ **ND:** _____

5 **Varietal:** _____

6 **Safra:** _____ 7 **Graduação alcoólica:** _____

8 **Produtor:** _____

9 **Região:** _____ **País:** _____

10 **Enólogo:** _____

11 **Engarrafado na origem?** _____

12 **Importador:** _____

13 **Comprado em** / /   14 **Preço:** _____

15 **Local da compra:** _____

16 **Recomendado por:** _____

17 **Presente de:** _____

18 **Número da garrafa/Produção:** _____

19 **Garrafa:** _____

20 **Rolha:** _____

21 **Foi decantado?** _____

22 **Cor/Nota:** _____

23 **Aroma/Nota:** _____

24 **Gosto/Nota:** _____

25 **Harmonizações:** _____

26 **Comentários:** _____

8

1 **Data:** / /   **Local:** _____

2 **Vinho:** _____

3 **Qualificações:** _____

4 **Nota:** _____

5 **Corte:** _____   **ND:** _____

5 **Varietal:** _____

6 **Safra:** _____   7 **Graduação alcoólica:** _____

8 **Produtor:** _____

9 **Região:** _____   **País:** _____

10 **Enólogo:** _____

11 **Engarrafado na origem?** _____

12 **Importador:** _____

13 **Comprado em** / /   14 **Preço:** _____

15 **Local da compra:** _____

16 **Recomendado por:** _____

17 **Presente de:** _____

18 **Número da garrafa/Produção:** _____

19 **Garrafa:** _____

20 **Rolha:** _____

21 **Foi decantado?** _____

22 **Cor/Nota:** _____

23 **Aroma/Nota:** _____

24 **Gosto/Nota:** _____

25 **Harmonizações:** _____

26 **Comentários:** _____

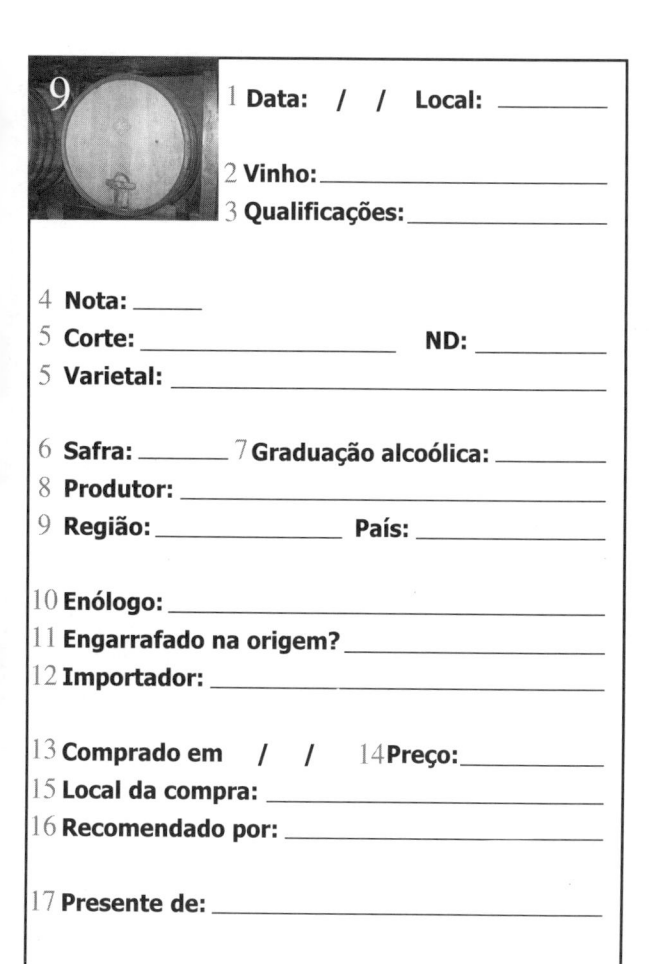

1 Data: / / **Local:** _____

2 Vinho: _____

3 Qualificações: _____

4 Nota: _____

5 Corte: _____ **ND:** _____

5 Varietal: _____

6 Safra: _____ **7 Graduação alcoólica:** _____

8 Produtor: _____

9 Região: _____ **País:** _____

10 Enólogo: _____

11 Engarrafado na origem? _____

12 Importador: _____

13 Comprado em / / **14 Preço:** _____

15 Local da compra: _____

16 Recomendado por: _____

17 Presente de: _____

18 **Número da garrafa/Produção:** _____

19 **Garrafa:** _____

20 **Rolha:** _____

21 **Foi decantado?** _____

22 **Cor/Nota:** _____

23 **Aroma/Nota:** _____

24 **Gosto/Nota:** _____

25 **Harmonizações:** _____

26 **Comentários:** _____

10

1 **Data:** / /   **Local:** _____

2 **Vinho:** _____

3 **Qualificações:** _____

4 **Nota:** _____

5 **Corte:** _____ **ND:** _____

5 **Varietal:** _____

6 **Safra:** _____ 7 **Graduação alcoólica:** _____

8 **Produtor:** _____

9 **Região:** _____ **País:** _____

10 **Enólogo:** _____

11 **Engarrafado na origem?** _____

12 **Importador:** _____

13 **Comprado em** / /   14 **Preço:** _____

15 **Local da compra:** _____

16 **Recomendado por:** _____

17 **Presente de:** _____

18 **Número da garrafa/Produção:** _____

19 **Garrafa:** _____

20 **Rolha:** _____

21 **Foi decantado?** _____

22 **Cor/Nota:** _____

23 **Aroma/Nota:** _____

24 **Gosto/Nota:** _____

25 **Harmonizações:** _____

26 **Comentários:** _____

1 **Data:** / /   **Local:** _____

2 **Vinho:** _____

3 **Qualificações:** _____

4 **Nota:** _____
5 **Corte:** _____   **ND:** _____
5 **Varietal:** _____

6 **Safra:** _____ 7 **Graduação alcoólica:** _____
8 **Produtor:** _____
9 **Região:** _____ **País:** _____

10 **Enólogo:** _____
11 **Engarrafado na origem?** _____
12 **Importador:** _____

13 **Comprado em** / /   14 **Preço:** _____
15 **Local da compra:** _____
16 **Recomendado por:** _____

17 **Presente de:** _____

18 **Número da garrafa/Produção:** _____

19 **Garrafa:** _____

20 **Rolha:** _____

21 **Foi decantado?** _____

22 **Cor/Nota:** _____

23 **Aroma/Nota:** _____

24 **Gosto/Nota:** _____

25 **Harmonizações:** _____

26 **Comentários:** _____

12

1 **Data:** / /   **Local:** _____

2 **Vinho:** _____

3 **Qualificações:** _____

4 **Nota:** _____

5 **Corte:** _____ **ND:** _____

5 **Varietal:** _____

6 **Safra:** _____ 7 **Graduação alcoólica:** _____

8 **Produtor:** _____

9 **Região:** _____ **País:** _____

10 **Enólogo:** _____

11 **Engarrafado na origem?** _____

12 **Importador:** _____

13 **Comprado em** / /   14 **Preço:** _____

15 **Local da compra:** _____

16 **Recomendado por:** _____

17 **Presente de:** _____

18 **Número da garrafa/Produção:** _____

19 **Garrafa:** _____

20 **Rolha:** _____

21 **Foi decantado?** _____

22 **Cor/Nota:** _____

23 **Aroma/Nota:** _____

24 **Gosto/Nota:** _____

25 **Harmonizações:** _____

26 **Comentários:** _____

13

1 **Data:** / /   **Local:** _____

2 **Vinho:** _____

3 **Qualificações:** _____

4 **Nota:** _____
5 **Corte:** _____   **ND:** _____
5 **Varietal:** _____

6 **Safra:** _____ 7 **Graduação alcoólica:** _____
8 **Produtor:** _____
9 **Região:** _____   **País:** _____

10 **Enólogo:** _____
11 **Engarrafado na origem?** _____
12 **Importador:** _____

13 **Comprado em** / /   14 **Preço:** _____
15 **Local da compra:** _____
16 **Recomendado por:** _____

17 **Presente de:** _____

18 **Número da garrafa/Produção:** _____

19 **Garrafa:** _____

20 **Rolha:** _____

21 **Foi decantado?** _____

22 **Cor/Nota:** _____

23 **Aroma/Nota:** _____

24 **Gosto/Nota:** _____

25 **Harmonizações:** _____

26 **Comentários:** _____

14

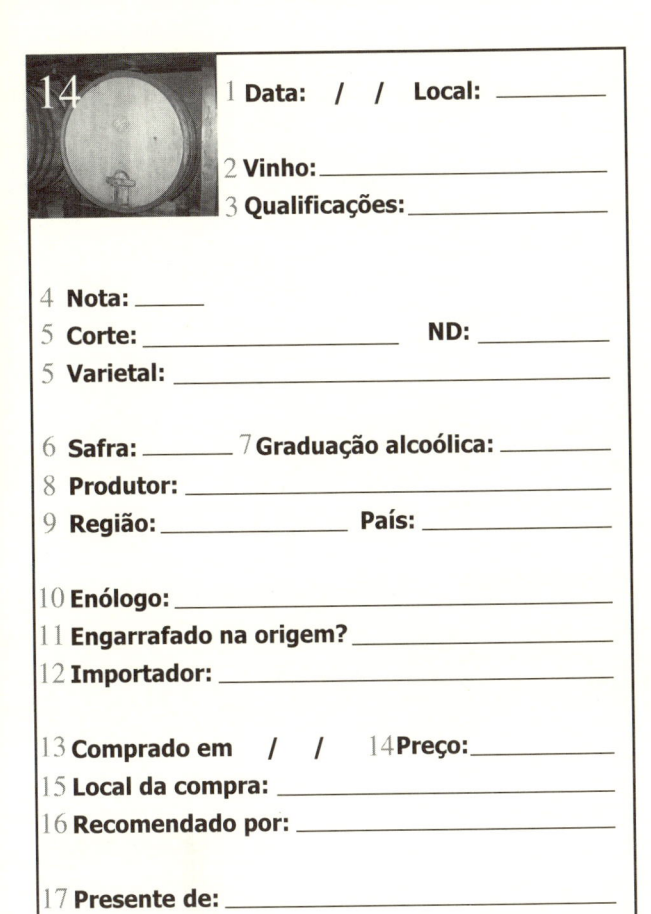

1 **Data:** / /   **Local:** _____

2 **Vinho:** _____
3 **Qualificações:** _____

4 **Nota:** _____
5 **Corte:** _____ **ND:** _____
5 **Varietal:** _____

6 **Safra:** _____ 7 **Graduação alcoólica:** _____
8 **Produtor:** _____
9 **Região:** _____ **País:** _____

10 **Enólogo:** _____
11 **Engarrafado na origem?** _____
12 **Importador:** _____

13 **Comprado em** / /   14 **Preço:** _____
15 **Local da compra:** _____
16 **Recomendado por:** _____

17 **Presente de:** _____

18 **Número da garrafa/Produção:** _____

19 **Garrafa:** _____

20 **Rolha:** _____

21 **Foi decantado?** _____

22 **Cor/Nota:** _____

23 **Aroma/Nota:** _____

24 **Gosto/Nota:** _____

25 **Harmonizações:** _____

26 **Comentários:** _____

15

1 **Data:** / /   **Local:** _____

2 **Vinho:** _____

3 **Qualificações:** _____

4 **Nota:** _____

5 **Corte:** _____ **ND:** _____

5 **Varietal:** _____

6 **Safra:** _____ 7 **Graduação alcoólica:** _____

8 **Produtor:** _____

9 **Região:** _____ **País:** _____

10 **Enólogo:** _____

11 **Engarrafado na origem?** _____

12 **Importador:** _____

13 **Comprado em** / /   14 **Preço:** _____

15 **Local da compra:** _____

16 **Recomendado por:** _____

17 **Presente de:** _____

18 **Número da garrafa/Produção:** _____

19 **Garrafa:** _____

20 **Rolha:** _____

21 **Foi decantado?** _____

22 **Cor/Nota:** _____

23 **Aroma/Nota:** _____

24 **Gosto/Nota:** _____

25 **Harmonizações:** _____

26 **Comentários:** _____

16

1 **Data:** / /   **Local:** _____

2 **Vinho:** _____
3 **Qualificações:** _____

4 **Nota:** _____
5 **Corte:** _____   **ND:** _____
5 **Varietal:** _____

6 **Safra:** _____ 7 **Graduação alcoólica:** _____
8 **Produtor:** _____
9 **Região:** _____ **País:** _____

10 **Enólogo:** _____
11 **Engarrafado na origem?** _____
12 **Importador:** _____

13 **Comprado em** / /   14 **Preço:** _____
15 **Local da compra:** _____
16 **Recomendado por:** _____

17 **Presente de:** _____

18 **Número da garrafa/Produção:** _____

19 **Garrafa:** _____

20 **Rolha:** _____

21 **Foi decantado?** _____

22 **Cor/Nota:** _____

23 **Aroma/Nota:** _____

24 **Gosto/Nota:** _____

25 **Harmonizações:** _____

26 **Comentários:** _____

APÊNDICE

Os registros e suas referências
Orientações para preenchimento

▶ **Data e Local** (da degustação) – Questões de interesse muito pessoal. No entanto, oferecem a possibilidade de memorizar a estação do ano, o evento etc. **Importante**: a **temperatura** de serviço deve obedecer ao tipo de vinho. É condição essencial à melhor apreciação. Por isso, procure observar as seguintes: em geral, espumantes devem ser servidos entre 6^0C e 8^0C; brancos suaves e doces, entre 8^0C e 9^0C; brancos secos, entre 10^0C e 12^0C; quando muito encorpados, porém, podem ser servidos até a 14^0C, pois mostrarão todas as qualidades; rosados, entre 12^0C e 14^0C; tintos jovens, entre 14^0C e 16^0C; tintos brevemente envelhecidos, em torno de 18^0C; tintos bem maduros, ricos em taninos, entre 18^0C e 20^0C. Atenção: a busca pela temperatura ideal deve ser feita, obviamente, tanto nos locais em que o ambiente se apresenta mais quente quanto naqueles em que o clima se apresenta muito frio. É necessária esta observação, pois, caso venhamos a consumir um vinho tinto de corpo, ideal para os invernos rigorosos, num lugar sem calefação, com a temperatura ambiente a 5⁰ C, não usufruiremos das virtudes daquele vinho. Neste caso, valerá a pena levar a garrafa à cozinha para que receba, com todo cuidado, um pouco dos calores do fogão. Ah, sim, um detalhe: numa situação como essa, não hesite em envolver o corpo da taça com as mãos, tal como faria com um conhaque!

2 ▶ **VINHO:** Evidentemente é a principal anotação o nome, a identidade. No Velho Mundo, a maioria esmagadora dos vinhos tem nome que não se confunde com o do produtor, nem com cepa. No Novo Mundo, porém, é comum que o nome do vinho esteja associado à variedade – por exemplo, Angheben Tannat, Don Giovanni Cabernet Franc, Família Zuccardi Tempranillo.

3 ▶ **QUALIFICAÇÕES:** Neste item, anote as expressões Reserva, Gran Reserva, Premium e outras pelas quais os produtores queiram apresentar a nobreza de seus vinhos. Se é um vinho espanhol, não deixe de registrar se é um *Joven*, um *Crianza*, um *Reserva*, ou um *Gran Reserva*. Se o vinho é português, observe se é um Reserva ou um Garrafeira. No caso de um vinho italiano que adote a declaração do teor de açúcar, use este espaço para registrar *Secco*; *Asciutto*; *Abboccato*; *Amabile*; *Cannellino*; *Dolce*.

4 ▶ **NOTA (PONTOS):** Após haver dado até 10 pontos para a cor, até 30 pontos para os aromas e até 60 pontos para as sensações de boca, ao final da ficha, anote neste espaço a soma. O espaço está no início da ficha

para que seja uma lembrança imediatamente associada ao nome e às qualificações.

5 ▶ **CORTE OU VARIETAL:** Se for um vinho cortado, procure, no rótulo, se há declaração do corte e anote; caso contrário, marque um X em ND, para corte não declarado. Caso se trate de um varietal, anote a variedade declarada. **Cortes**, também chamados *assemblages*, são as combinações de dois ou mais vinhos, a critério do enólogo, a fim de obter determinado conjunto de características. Cortar vinhos, como se pode imaginar, é tarefa delicada, pois nem todas as uvas oferecem possibilidades de combinação. É mais uma arte, consolidada no Velho Mundo, característica dos vinhos de lá. Por isso mesmo, no Velho Mundo, as regiões demarcadas estipulam as castas autorizadas. Assim, quando você está diante de um vinho tinto da região de Bordeaux, na França, sem declaração de variedade no rótulo, você sabe que aquele vinho é um corte de vinhos básicos originados das cepas autorizadas de Bordeaux, que são *cabernet sauvignon, merlot, tannat, cabernet franc, malbec* e *petit verdot*. No Brasil, as casas Angheben e Don Laurindo têm centrado esforços na produção de vinhos cortados, já havendo conseguido ótimos resultados. **Varietal** ou **monocasta**, como preferem os portugueses, é o vinho de uma única cepa, ou seja, o vinho é resultado de elaboração de uma só casta de uva; por exemplo, *cabernet sauvignon*. Verificou-se, no entan-

to, que podia não ser tão bom para as características finais dos vinhos produzi-los a 100% da cepa. Seria bom ter um vinho com a personalidade marcante de determinada casta, complementado por algum toque de outra, a fim de se obter equilíbrio ante a eventual insuficiência da principal em atender algum requisito desejado de cor, olfato ou paladar. Resolveu-se, então, adotar definição legal de um percentual limite para que um vinho seja considerado um varietal e mencione no rótulo a casta. No Brasil, este percentual é de 60%. Na Argentina e no Chile, é de 75%. Em algumas regiões demarcadas desses países, o percentual vai a 85%, como nos Estados Unidos e na Austrália. Resumindo, quando você tem em mãos uma garrafa de um *cabernet sauvignon* chileno, você já sabe que o vinho foi elaborado com um mínimo de 75% de vinho originado da uva *cabernet sauvignon*. Se for um *malbec* da DOC Luján de Cuyo, em Mendoza, terá, pelo menos, 85% daquela cepa. As casas que elaboram vinhos a 100% da variedade geralmente declaram tal característica nos rótulos.

Algumas Castas Brancas – Chardonnay; Flora; Gewürztraminer; Malvasia; Moscato ou Muscat; Muscadelle; Prosecco Bianco; Riesling; Riesling Itálica; Sauvignon Blanc; Semillon; Sylvaner; Trebbiano; Ugni Blanc; Verdicchio e Viognier.

Algumas Castas Tintas - Cabernet Sauvignon; Alfrocheiro; Ancelota ou ancellotta; Aragonez; Baga;

Barbera; Bonarda; Cabernet Franc; Canaiolo; Carmenère; Castelão Francês ou Periquita; Corvina Veronese; Dolcetto; Gamay; Grenache ou Garnacha; Lambrusco; Malbec; Merlot; Mourvèdre ou Monastrell; Molinara; Nebbiolo; Pinotage; Pinot Noir; Refosco; Rondinella; Sangiovese; Spatburgunder; Syrah; Shiraz; Tannat; Tempranillo; Tinta Pinheira; Tinto Cão; Touriga Nacional; Trincadeira e Zinfandel.

6 ▶ **SAFRA OU VINDIMA:** É literalmente o sobrenome dos vinhos. Nunca deixe de anotar o ano mencionado no rótulo, pois isso define a colheita, que pode variar muito de um ano para o outro, ensejando vinhos mais ou menos expressivos. No caso dos espumantes, não é tão importante (ou é muitíssimo), já que somente os excepcionais ou *millésimes* são colheita do mesmo ano. O mesmo se poderia dizer em relação aos 'Portos'. A safra só é relevante entre os *Vintage* e os *Late Bottled Vintage*. **Juventude ou maturidade** é uma questão relevante, pois reflete uma transformação no mundo do vinho. Historicamente, os vinhos, no Velho Mundo, sempre foram concebidos com a idéia do envelhecimento, embora se soubesse que nem todos apresentavam as características necessárias a uma evolução prolongada. Com o passar dos tempos, veio a cultura *fast*, do Novo Mundo, a adoção dos varietais e o chamado consumo cultural. Começava a decrescer o consumo do vinho como complemento alimentar. Hoje, os vinhos elaborados no

Brasil estão todos aptos a serem bebidos de imediato e, quando muito, evoluem por um período máximo de seis anos. O mesmo se poderia dizer em relação aos vinhos dos demais países latino-americanos, com raras e honrosas exceções de vinhos muito especiais argentinos e chilenos. Com isso, ao escolher um vinho, observe se é jovem ou maduro, sul-americano ou europeu. Isso pode influenciar fortemente o preço e, evidentemente, os cuidados. Vinhos muito jovens precisam de intensa aeração, depois de aberta a garrafa. Sugiro então que se use o decantador por uns trinta minutos antes do serviço, em razão da boa superfície de contato com o ar. Já os maduros podem precisar efetivamente ser decantados, para que depositem naturalmente sedimentos da evolução.

Se você gosta de ter vinhos em casa, observe: o processo de envelhecimento nas regiões mais quentes do Brasil dar-se-á de maneira distinta, entre outros aspectos, mais rapidamente.

As **vindimas brasileiras** estão assim categorizadas, a partir de 1982: cinco estrelas – apenas a safra de 1991; quatro estrelas – 02, 01, 00, 97, 96, 86 e 82; três estrelas – 95, 94, 90, 88, 87 e 85; duas estrelas – 98, 93, 92, 89, 84 e 83.

7 ▶ GRADUAÇÃO ALCOÓLICA: Informação muito relevante. Os álcoois são elementos fundamentais ao vinho. São grandemente responsáveis pela estrutura da bebida e, sobretudo, são essenciais ao envelhecimento, permitindo longevidade e que o mesmo atinja as melhores

virtudes na maturidade. Um vinho com 11° GL ou 11% significa que tem 110 ml de álcool etílico em cada litro. Os brancos secos têm, em geral, **teor alcoólico** inferior ao dos tintos. Enquanto naqueles a graduação alcoólica fica entre 8% e 11%, nestes atinge a 13% e 14%. Os vinhos fortificados tipo 'Porto' chegam a 22%.

8 ▶ PRODUTOR: É um registro para acompanhar a tradição.

9 ▶ REGIÃO E PAÍS: Aqui, você deve escrever as denominações de origem. Indicação de Procedência ou de Proveniência, Denominação de Origem (DO), Denominação de Origem Controlada (DOC) e Denominação de Origem Controlada e Garantida ou Qualificada (DOCG ou DOCQ) são identificações que pretendem estabelecer relações indissociáveis entre o vinho produzido na origem especificada e as características da natureza, do produtor e do processo de produção. Referência boa para auxiliar nossos vendedores, nas futuras compras. Nem sempre os pontos de venda têm profissionais versados no tema. Além disso, no Novo Mundo, muitos vinhos ostentam nomes de famílias italianas, francesas, espanholas ou portuguesas, podendo confundir nossos vendedores.

10 ▶ ENÓLOGO: Alguns produtores declaram seus enólogos e isso pode ser muito relevante, porque eles, muitas vezes, trocam de vinícola. Assim, se nos encantamos por um vinho assinado pelo enólogo Michel Roland e encontramos a mesma assinatura num rótu-

lo de outra vinícola, pode ser um ótimo indicador. É importante, inclusive, lembrar que muitas vinícolas contratam os serviços dos chamados *flying winemakers*, enólogos que se deslocam de um país a outro para conduzir a elaboração de determinado vinho, retornando, em seguida, à origem. Uma dica: em geral isso é bom indicador, pois algumas vinícolas, ao se depararem com uma excelente safra, vão em busca de otimizar os vinhos dela decorrentes.

11 ▶ **ENGARRAFADO NA ORIGEM?** Muitas vinícolas não dispõem de engarrafamento, o que significa que o vinho é transportado para que isso aconteça. Embora os cuidados sejam grandes nessas operações, é sempre melhor que o vinho não viaje.

12 ▶ **IMPORTADOR:** Vale registrar, para que possamos acompanhar as escolhas e confirmar os cuidados com o transporte. *Containers* climatizados são fundamentais.

13 ▶ **COMPRADO EM (DATA):** Primeiramente, é um dado relevante, caso o consumo ocorra tempos depois da compra. Também ajudará nas comparações de preço e câmbio de moeda.

14 ▶ **PREÇO:** O ideal é ter o preço pago em reais e em dólares ou euros, para comparações futuras.

15 ▶ **LOCAL DA COMPRA:** Não se esqueça de escrever, aqui, de quem você ganhou, se for o caso.

16 ▶ **RECOMENDADO POR:** Para que nunca nos esqueçamos de quem foi a dica. Anote neste espaço não somente o nome de pessoas, como artigos de jornais e revistas.

17 ▶ **PRESENTE DE:** Quem deu vinho de presente não deve ser esquecido.

18 ▶ **NÚMERO DA GARRAFA/PRODUÇÃO:** Grandes vinhos têm geralmente produção controlada e as garrafas vão numeradas e indicam a quantidade produzida. Isso é muito importante.

19 ▶ **GARRAFA:** É mais uma curiosidade. Veja, a seguir, alguns tipos de garrafas. ***Bordalesa*** – de ombros fortes e desenhados, com pescoço reto, é, sem dúvida, a mais utilizada. Abriga, entre nós, os Don Laurindo, os Vallontano e tantos outros; ***Bourguignonne*** ou borgonhesa. É aquela garrafa mais baixa do que a bordalesa, sem ombro, cujo corpo se afina suavemente até o gargalo. Presente, no Brasil, com mais freqüência, entre os brancos, como o Boscato Reserva e o Cavalleri, da variedade chardonnay; ***Carmagnola*** e ***bocksbeutel*** (saco de bode) – dois tipos muito semelhantes. São baixinhas e bojudas. A mais estreita (*bocksbeutel*) nos traz os vinhos alemães da Francônia. A outra apresenta alguns vinhos regionais, como o tradicional Mateus (*rosé*) português e, no Brasil, nos traz o Velho Museu; ***Châteauneuf du Pape*** – o tradicional vinho francês da região do *Rhône* já não é o único a utilizar a própria garrafa, fundamentalmente, uma

bourguignonne. Como marca, apresenta um alto relevo talhado no vidro, acima do rótulo, com as armas papais, símbolo do Vaticano, lembrando a época em que a sede do papado era Avignon; **Alsaciana** – típica dos vinhos da região francesa da Alsácia e dos brancos alemães, fina e alta, com o corpo emagrecendo levemente até o gargalo; **Holandesa** – um pouco mais larga e mais baixa do que a bordalesa, sendo a curva do pescoço mais acentuada; **Champenoise** – abrigo universal dos espumantes; **Fiasco** – a tradicional palhinha imortalizada pelos *chiantis* italianos, sendo um dos mais conhecidos no Brasil o *Ruffino*. Sem a tela de palha, apresenta, entre nós, o Cabernet Franc da casa Don Giovanni; **Caymus** – uma variação da *Bordalesa*, na qual os ombros são mais largos do que a base. É um desenho muito elegante. Nesta garrafa é apresentado o Boscato Gran Reserva Cabernet Sauvignon e, na Argentina, o *Familia Rutini*.

20 ▶ **ROLHA:** Este é um item para grandes amantes do vinho. Anote primeiramente o tipo da rolha: cortiça integral, aglomerado de cortiça, mista, sintética etc. Depois, verifique o tamanho. Na maioria dos vinhos as rolhas têm 4,5 ou 5,0 centímetros. Grandes vinhos têm sempre rolhas maiores do que isso.

21 ▶ **FOI DECANTADO?** Pode ser muito relevante. Um vinho ainda fechado (que ainda não apresentou suas virtudes), consumido imediatamente após aberta a

garrafa, proporcionará sensações contidas, completamente distintas daquelas que proporcionaria, caso houvesse sido decantado, aerado.

22 ▶ **Cor/Nota:** Os profissionais usam luz de vela. Quase nunca temos essa condição. Mas não é por isso que vamos deixar de registrar. Brilho, translucidez e beleza da cor, em si mesma, serão nosso alvo de apreciação, obtendo, no máximo, nota 10. Apreciar a **cor** é o início formal da degustação e, certamente, trata da percepção menos ampla. Os tintos podem evoluir do violáceo ao marrom, passando pelo rubi e o alaranjado ou telha, como preferem os franceses. Os de tons escuros do rubi mostram capacidade de envelhecer, enquanto os claros destinam-se ao consumo rápido. Brilho e translucidez também demonstram aptidão à longevidade. Os vinhos brancos, por sua vez, podem ser esverdeados, citrinos, palha, ouro e ouro velho. Os tons fechados, sobretudo aqueles derivados do amarelo-ouro, indicam envelhecimento, enquanto a palidez, a cor quase água, indica um vinho vazio, pobre. Mas como observar melhor a cor e os tons? É muito simples! Incline a taça para a frente, sempre segurando pelo pé da mesma, até que o líquido se aproxime da borda, adquirindo o contorno de uma unha. Nessa posição será possível perceber, de forma mais apurada, as nuanças e a cor. Diz-se que é a 'evolução da unha'.

23 ▶ **Aroma/Nota:** Se você degustou na taça apropriada, teve a possibilidade de desfrutar muito mais os aromas. Se não foi assim, não deixe de registrar, no máximo, 30 pontos. O cérebro humano tem capacidade de registrar uma quantidade superior a dois mil **aromas**, muitos dos quais podem habitar os vinhos; tanto os bons aromas, vindos da fruta, do solo, dos barris e os decorrentes da evolução da bebida, como os desagradáveis, ocorridos de transformações diversas, por doenças ou defeitos. Os aromas de um vinho são apreciados em três níveis: os **primários** – aqueles que se descobrem diretamente ao inalar a bebida; o **secundário** ou **retrogosto**, percebido internamente à boca, pela trompa de Eustáquio, é um conjunto de sensações finais, percebidas depois que o vinho foi deglutido; o **terciário** e mais complexo, o **buquê**, ou efeito produzido pela dissipação dos éteres e dos ésteres voláteis, que evanescem do vinho e se introduzem narinas adentro. O **buquê** é característica dos vinhos envelhecidos, um conjunto de sensações olfativas adquiridas pelo vinho no ambiente reduzido da garrafa, englobando também os aromas primários e secundários.

Muitos se intrigam com os diversos aromas que podem ser identificados num vinho. A explicação, no entanto, é bastante simples. As transformações físicas, químicas e enzimáticas que ocorrem até a abertura da garrafa são muitas e em presença de substâncias elementares que também participam da formação de outras matérias. Assim, ao identificarmos o aroma de maçã verde em certo vinho branco, isso certamente está ocorrendo em razão da presença, naquele vinho, de alguma substância elementar componente daquela fruta e que confere à mesma seu aroma característico.

24 ▶ **Gosto/Nota:** Deixe o vinho impressionar sua boca, antes de deglutir. Depois anote, no máximo, 60 pontos. O **paladar** é o sentido de maior complexidade, porque a identificação de sabores tem denominações pouco usuais aos não-iniciados. De forma direta percebemos, auxiliados por nossa língua, sal, doce, ácido e amargo. Percebe-se doce com a ponta da língua; sal se nota na borda anterior, logo em seguida à ponta, e no centro; ácido se sente na lateral e o amargo, na parte posterior. Há, porém, inúmeras percepções intermediárias, que se originam do *caráter*, da *personalidade* e de outras características do vinho.

São denominações usuais para os sabores: adstringente ou rascante, agressivo, áspero, austero, aveludado, chato, cozido, duro, gorduroso, macio, nervoso, pastoso, redondo, sápido, tânico e outras que englobam também o olfato.

Apreciar os gostos de um vinho demanda um paladar atento. Os franceses geralmente o aguçam comendo maçã verde antes da degustação. Esse fruto ativa a sensibilidade de nossas papilas gustativas. Ao contrário, os queijos, sobretudo os gordos, amortecem-na. Sabendo disso tudo, *voilà*, já podemos dizer, por exemplo: *na boca, este vinho impressiona mais que no nariz...*

25 ▶ HARMONIZAÇÃO: Se você degustou com uma refeição, comente o que achou da combinação. Os rótulos devem sempre indicar a variedade (caso seja um varietal) ou as variedades (caso seja um corte). No caso de vinhos cortados do Velho Mundo, que não indiquem a composição, você precisará conhecer quais são as variedades autorizadas por região.

26 ▶ COMENTÁRIOS: Aqui você está totalmente livre de referências. Diga, ou melhor, escreva o que lhe vier à mente, depois de ser impressionado por um vinho.

REGISTRANDO ESPUMANTES - Você poderá utilizar quase todos os campos para registrar suas impressões sobre espumantes degustados. No entanto, procure observar as seguintes particularidades. Ao anotar o nome, não se esqueça do teor de açúcar, explicitado pelas expressões *extra-brut*, *brut*, *extra-sec*, *sec*, *demi-sec* ou *doux*. Anote também o método de elaboração, caso declarado. Podem ser: *champenoise* ou *traditionel*, *charmat* ou *asti*.

Caso o espumante seja verdadeiramente um *Champagne*, denominação exclusiva daquela região francesa, saberemos que é elaborado a partir das uvas *chardonnay*, *pinot noir* e *pinot menieur*. Caso contrário, busque no rótulo informação sobre a(s) variedade(s) utilizada(s). Nos comentários finais, registre o tamanho e a velocidade das bolhas, a chamada *perlage*. Quanto menores e mais velozes, melhor será o espumante.

REGISTRANDO "PORTOS" - Os vinhos do Porto, marca importante na vinicultura portuguesa, têm sua classificação pelo cruzamento de três informações: tempo nos tonéis, idade e colheita. O ***Ruby*** (rubi) é o mais simples, procedendo de vinhos e uvas de vários fornecedores e permanecendo no máximo dois anos nos tonéis, quando é engarrafado sem filtração. O *Tawny* (aloirado) é um Porto básico de misturas, um pouco mais envelhecido no tonel. Depois, podemos ter os Porto 10 anos, 20 anos, 30 anos e até mais de 40 anos. No entanto, isso não significa que tenha tal idade, mas que apresenta características correspondentes às mesmas. Finalmente, temos o 'Colheita' ou seja, indicação de que as uvas são de determinado ano e há o envelhecimento até sete anos nos barris. O **Porto *Vintage*** tem origem em uma única colheita, que deve ser indicada no rótulo, e é engarrafado após dois ou três anos nos barris. O ***Late Bottled Vintage*** (LBV) é o mais expressivo. As denominações Ruby, Tawny, Vintage ou LBV são qualificações, devendo ser registradas, então, neste espaço.

*Para saber mais sobre nossos
títulos e autores, visite nosso site:*
www.mauad.com.br

Este livro, da MAUAD Editora,
foi impresso em papel couché 115g e pólen soft 80g,
na gráfica Sermograf